LE CORBEAU & LE REGARD,

FABLES D'AUJOURD'HUI

In memoriam fratrum

CHRISTIAN ROBERT

LE CORBEAU & LE REGARD,

FABLES D'AUJOURD'HUI

Préface de Christian Laballery

Illustrations de l'auteur

© Christian ROBERT, 2022.
Édition : BoD – Books on Demand, info@bod.fr
www.bod.fr
Impression : BoD – Books on Demand, In de Tarpen 42, Norderstedt (Allemagne)
Impression à la demande
ISBN : 978-2-3223-9386-2
Dépôt légal : juillet 2022

PRÉFACE

« On a souvent besoin d'un plus petit que soi »

Cette « *vérité*[1] » servit au bon Jean de La Fontaine comme prétexte à la composition de deux fables : *Le Lion et le Rat, La Colombe et la Fourmi* ! Toutes deux par ailleurs imitées d'Ésope.

Or n'est-ce pas, selon les dires de notre nouveau fabuliste Christian Robert[2], grâce à un être nanométrique que nous devons les 26 fables que vous allez lire ? En effet : sans virus point de pandémie, point de confinement, point de distanciation physique, point de masque, point d'esclandre dans la boulangerie du coin et point de première fable[3] ! et si l'on ne commence pas par la première les autres ne suivent pas ! CQFD.

La démonstration est fallacieuse, j'en conviens. Certes nous n'aurions pas eu le plaisir de râler avec notre fabuliste

---

1 … « de cette vérité deux fables feront foi » *Le Lion et le Rat*, vers 3.
2 Pas si nouveau, c'est déjà son deuxième recueil.
3 Voir la postface.

contre tous ces noirs volatiles calomniateurs, dénonciateurs et collabos[4], mais nul doute qu'un jour ou l'autre, notre nouveau papillon du Parnasse, qui butine allègrement, semble-t-il, les fleurs noires de notre époque, nous aurait concocté, dans l'ordre ci-après ou autrement, les 25 autres apologues. Car à les lire, on se persuade vite que notre auteur bout en son for intérieur quand il observe les misères et les malheurs du monde actuel. Les femmes et les enfants battus, les va-t-en-guerre, les exploités de toutes sortes et de toutes façons. Sans compter celles et ceux qui ont le chic de s'obstiner dans l'erreur, gavés d'illusions. Alors il faut que ça sorte (si je peux me permettre) sinon il explose, notre Phèdre. Et ça sort : reportez-vous à : *L'Enfant et l'Éléphante, Des Oiseleurs de la nouvelle sorte, Tel Mari, La Tortue en mal d'enfant, L'Armée des Rats sans campagne, Le Cigare et les Frémis*, et bien d'autres que vous repérerez aisément.

Il ne faut pas oublier que Christian, au pôle art-littéraire[5], est aussi auteur de polars[6], et tous ces faits divers alimentent souvent et abondamment cette autre littérature.

---

4 Voir la fable *Le Corbeau et le Regard*.
5 C'est osé, je sais…
6 À quatre mains avec Vincent Lissonnet sous le pseudonyme de Robert Vincent.

On en serait quitte pour quelques faits divers, il est vrai ; une compilation pour la rubrique des chiens écrasés, sans doute. Mais voilà notre porte plume sait tremper icelle dans la même encre que celle des grands fabulistes qui l'ont précédé. L'encre de la fable. Et la fable relève de l'idéal classique. Il lui faut des règles. Pas d'effusion, pas de romantisme. La fable ne s'accommode pas de laisser-aller[7] ; elle se construit avec, en tête, les modèles anciens. L'« *originalité repose toujours sur une connaissance de la tradition* » disait Raymond Queneau. Et la fable est tradition.[8]

C'est là qu'on admire l'étendue de la culture de notre Ésope moderne ; culture littéraire, historique, scientifique, parfaitement au fait des problèmes de notre société, possédant son Grevisse sur le bout du stylo[9]. Tout cela conforté par un vocabulaire ancien, classique, moderne, patoisant, argotique : vocabulaire des plus variés et des plus plaisants, auquel il ajoute, pour notre plaisir quelques néologismes de son cru.

On admirera également sa technique quant à l'utilisation des vers mêlés, vers d'inégale longueur qui permettent

---

7 Sauf volontaire, travaillé, comme l'auteur a su faire.
8 Voir la postface.
9 Il a su moderniser sa plume. Je le soupçonne même d'utiliser un ordinateur.

de rythmer le poème et de rendre vivante la narration.

Qu'ils soient « *frémis* » ou « *frésaie* » plutôt que fourmis ou effraies, qu'ils soient renards, corbeaux, hippopotames, girafes, etc. tous les personnages de ces fables sont bien de notre temps : ils ont un mobile[10], la 5G, ils utilisent *Instagram*, *Tictok*, *Fessebouc* et *Touitair*[11].

Elle est de notre temps, cette girafe qui utilise un site de rencontre pour trouver chaussure à son pied. Ils sont de notre temps, le loup et la chèvre qui deviendront parents grâce à la PMA . Avoir des enfants dans le monde d'aujourd'hui ? Question de tortue peut-être, mais aussi question de notre temps...

Et quand vous lirez les « exploits » de la soldatesque rat[12], fable écrite en mars 2021, vous ne pourrez pas ne pas penser aux évènements dramatiques survenus en février 2022.

On aurait tort de penser à cet instant qu'en lisant ce livre nous allons sombrer dans un univers des plus sombres. C'est là que notre fabuliste, prévenant envers ses

---

10 Pas celui qui justifie le crime. Nous ne sommes pas dans les polars de l'auteur.
11 Il y a une queneautation zazienne dans ces deux derniers mots.
12 *L'Armée des Rats sans campagne.*

lecteurs (et lui-même sans doute), n'a pas manqué comme dans son précédent recueil de largement saupoudrer et de diverses façons son humour, son ironie, issus d'une part de l'esprit de nos grands moralistes[13] et d'autre part de l'esprit « fin de siècle » (le XIXe)[14].

C'est là qu'il déploie sa fantaisie, ses calembours, ses jongleries verbales, ses rimes <u>volontairement hasardeuses</u>[15]. Il faut les découvrir *in situ*, c'est pourquoi je me permets de ne pas les déflorer ici. Ce serait comme donner le nom de l'assassin au début d'un *whodunit*.

Cette façon de voir, cette façon de se placer au-dessus de la mêlée, cette mise à distance du thème,– possible notamment par la personnification d'animaux divers et variés aux relations improbables dans la « vraie vie » – donne ce ton ironique, propre à l'auteur et procure un vrai plaisir de lecture.[16]

Quant aux morales, notre auteur s'en est déjà expliqué dans la postface de son précédent recueil « *elles ne prétendent pas contribuer à un système philosophique, mais at-*

---

13 La Bruyère, La Rochefoucauld, La Fontaine, faut-il le rappeler.
14 Franc-Nohain, en débordant un peu on peut ajouter Anouilh.
15 Je souligne, j'insiste !
16 On s'en convaincra aisément à la lecture par exemple de la fable *Le Procès aquatique*.

tributs quasi nécessaire du genre, participent à la création poétique »

J'ajouterai que le lecteur stimulé par sa lecture peut à bon droit élaborer sa / ses propre(s) morale(s).

Pour ma part et pour clore cette préface j'utiliserai celle-ci, laquelle à défaut, vaut pour toutes :
Ma foi, ne me souviens guère de la morale
Dont le destin de l'hippocampe nous régale[17].
Bonne lecture

Christian Laballery

---

17 *L'Hippocampe qui a perdu ses clés.*

I

Le Corbeau et le regard

Maître corbeau sur un chêne perché
Surveillait d'un œil vif son voisinage.
Maître renard vint à passer.
Il faisait grand tapage,
Ce fameux goupil de la fable[18],
Qui allait, amputé de sa queue,
De porte en porte, de son ton affable,
Persuader à l'entendre qui veut
De suivre ses brisées,
Et, d'appendice privé,
Former un parti nouveau.
La chanson ébahit le corbeau.
Notre oiseau de mauvais augure,
Jouissant de la 5G depuis peu,
Sur son mobile neuf capture,
La silhouette et la voix du gueux :

---

18 Jean de La Fontaine, *Le Renard ayant la queue coupée*, *Fables*, V, 6.

« Foin des queues,
Nous serons libres, comme des dieux,
—Voyez les hommes—, puissants comme eux »,
Disait le renard au blaireau, à la civette,
Au basilic, aux lapins, aux bœufs,
En les mangeant des yeux.
À la sauvette,
L'oiseau de Perséphone
Envoie par téléphone,
Sa vidéo à la maréchaussée,
Un peu avide de notoriété,
Beaucoup par désir de nuisance.
Un serpent prend la confidence.
« Ne faisons pas tout un fromage,
De ce ramage
Sans queue ni tête.
Aujourd'hui, c'est ma fête,»
Dit le reptile à la pie, son adjointe.
« Donc, pas la peine qu'on s'y pointe. »
Maître corbeau enrage
Qu'on ne mette point renard en cage.

Notre vilain jocrisse
Fit sur-le-champ une jaunisse
Et tourna canari.
Le bois entier encor en rit.

Le monde est plein de gens prompts à épier,
Soupçonner, dénoncer,
Faits et méfaits d'autrui,
Hier comme aujourd'hui,
Cela est vrai aussi
Qu'ils le font à tort ou raison.
Par exemple, après son oraison,
Renard croqua un ouistiti.
« Je l'avais bien dit,
Chanta le nouveau canari.
J'ai toujours eu très bonne vue,
Dommage qu'on ne m'ait pas cru.»

14 décembre 2020

II

L'Enfant et l'Éléphante,

Au temps où arbres roussissent,
Dans un hameau du Tennessee[19],
Un garçonnet trottait ainsi
Qu'une écrevisse
Serré par la main moite
De sa mère qui le traînait,
Ferme, bien droite,
Jusqu'à la place où un supplice se donnait.
Au détour d'une rue,
Soudain l'enfant découvre une grue.
Au bout d'une chaîne pendante,
Est élevée par le cou une grosse éléphante.
– Mère, qu'est-ce qu'on entend craquer ?
S'écrie le gamin, prompt à s'horrifier.
Marâtre n'est pas émotive,

---

19. Le 13 septembre 1916 près d'Erwin Tennessee, la direction du cirque *Spark World Famous Show* fit exécuter par pendaison publique l'éléphante Mary au moyen d'une grue de chemin de fer. Lors d'une parade à Kingsport, elle avait tué son cornac qui la maltraitait.

Au contraire, elle se veut éducative.
– C'est, dit-elle, les os du jarret,
Qu'on a oublié de détacher du piquet,
Auquel on gardait la captive.
Voyez, mon cher biquet,
La vilaine bête de cirque est bien punie
D'avoir jonglé[20] puis écrasé –tout unie–
La tête du maître qui la battait.
Enfin la mère et l'enfant quittent la gare
Où ce spectacle édifiant se donnait.
L'enfant tremblant, hagard,
Pense au chien qui à la maison les attendait.
Comme à son jeune maître,
On donnait parfois du fouet au cher petit être.

Ainsi ne suffit pas d'être battu,
On peut être de surcroît pendu !

14 janvier 2021

---

20. Innovante et audacieuse construction transitive du verbe jongler.

III

Le Canard de Barbarie ayant perdu la foi

In memoriam Alphonse Allais

Certain canard de Barbarie, fier de son poids,
Regardait de son œil narquois,
Des congénères sveltes au col vert.
Arrive la rumeur que frappe la peste aviaire.
Dans le pays de Foix, elle s'est étalée.
À gauche et à droite, sa faux
Rompt la ligne de vie de tant d'êtres ailés
Que l'épouvante gagne
La basse-cour de bas en haut.
La Mort, on le sait, point ne fait épargne.
Les légers s'envolent vers des cieux nouveaux
En quête de sûreté, loin d'un tel souci.
Au grand dépit des gras badauds
De leurs bedaines appesantis.
— Où partez-vous, malheureux ?
S'égosilla notre canard. Peureux,

Qui donc vous pourvoira en déjeuner?
En quels gîtes reculés pourrez-vous bâfrer
Avec tant d'appétit qu'ici
Les maïs juteux comme les figues mûries,
Qui gavent le jabot et réjouissent la panse ?
Nul autre, aucune chance !
Par ces propos, il pense tous les retenir.
En vain. Ils sont allés sans revenir.
— Oubliez, beau frère, ces ingrats, dit Mulard,
Son cousin, un autre pesant canard.
Ils ont partagé nos repas
Mais ils répugnent au commun trépas.
Quant à nous, foin de tracas !
Des lâches, des couards, des lièvres, pas de cas !
Si m'en croyez, ne faites pas de mauvais sang,
Et ne pensez qu'à Noël approchant,
À ses ris, à ses joies et à ses fêtes.
Avec ces mots-là, sonna la défaite.
Car il vint à notre canard une humeur sombre.
De tout blanc, il vira tout noir.
— Ciel, d'où vient votre soudain désespoir ?
Dit mulard. — À voir des nôtres fondre le nombre,

Et des plus beaux et des plus gras,
Je soupçonne de les conserver, las !
Des terrines, plutôt qu'un vent de liberté
De les avoir, eux aussi, au loin emportés.
À vrai dire, beau cousin, j'ai perdu la foi.
Désormais Noël me laisse coi,
Ou pire : je crains pour notre destin.
Sûr, je broie du noir. J'ai pris le deuil, c'est certain.

À douter, le canard se lasse.
Et le canard au sang d'encre, c'est dégueulasse.

21 janvier 2021

IV

Le Perroquet au balcon

Le temps était couvert.
Un perroquet paressait au balcon.
C'était un perroquet fort vert,
Avec des bouts rose bonbon,
Un front taché de bleu, un col d'or gris.
Il eût aimé être tout gris,
Se fondre ainsi dans la grisaille de la ville.
Vivre méconnu, ah ! vivre tranquille,
Tandis que vert, pensez, on ne voyait que lui,
Comme un fanal perçant les brouillards de novembre.
Il lui eût mieux valu garder la chambre.
Au passage, les galapiats farceurs
Ne manquaient jamais de lui crier Jacquot,
Avec des ris moqueurs,
Quand ils ne lui lançaient cailloux
Et vifs calots
Ou bien encor des œufs.
—Des œufs, à lui qui ne pondait pas !— .

Il ne répondait pas,
Fermait plutôt les yeux.
D'ailleurs, il s'appelait Loulou.
Et puis c'étaient des œufs de caille,
De très petite taille
Très bon marché,
Mais qui faisaient des saletés
Dont sa maîtresse ensuite l'accusait.
Le papegai les regardait partir,
Leur mauvais coup fait,
Sans mot dire,
Arpentant toujours avec mélancolie
La barre de son appui,
Pensif mais fort habile,
De ses doigts préhensiles.
C'était un perroquet rêveur mais sourd-muet.
Il eût préféré courir, —c'est bien connu—
Sur la main d'une femme nue
Comme chez Courbet.
À Yonville, il menait la vie la plus banale,
Du balcon à la cage, et de cage au balcon,
Rien à écrire dans son journal.

Somme toute, une vie de con.
Ce jour-là pourtant, avec sa perçante vue
Dans un jardin de l'autre côté de la rue,
Il observa un homme mûr sous une tonnelle
Accompagné d'une petite demoiselle.
L'homme pleurait, assis sur un banc,
Tandis que jouait l'enfant.
Il murmura enfin en aparté :
« Emma, Emma pourquoi m'as-tu abandonné ?»
Comment l'oiseau le sut-il ?
Notre perroquet était subtil,
Il lisait sur les lèvres.
Il en écrivit une tragédie,
Dans un moment de fièvre,
Car il savait écrire aussi.
Monsieur Flaubert l'ayant acquis,
Lut l'œuvre de son perroquet et l'applaudit.
Puis il la romança. Ainsi
Naquit, vécut puis mourut Charles Bovary.
Notre Loulou, heureux, en rit.

De fil en aiguille et de plume en plume,

Ainsi va la vie littéraire, en somme,
Où le malheur des hommes
Fait le bonheur des porte-plumes.

29 janvier 2021

V

Le Variant anglais

Gisant
Dedans
Des draps blancs d'hôpital,
Avec un état quasi létal,
Un variant anglais apparut là.
D'Albion, le nouveau virus arriva,
Exsangue, ayant largement battu la campagne
De la Grande-Bretagne.
Son visage a l'éclat pâle d'un lange.
Calme, pareil à un ange,
Néanmoins sans tapage,
Sans cesse, il déménage,
Tantôt là, tantôt là-bas,
Portugal, Espagne, France, Pays-Bas,
Et cetera,
Pullulant ainsi que rats,
Abusant des ambulances.
Partout, hélas !

Cela répand une angoisse abyssale.
Adieu chants, adieu danses.

L'instable mutant s'avère changeant,
Voilà l'invariant.

25 janvier 2021

VI

Le Lucane observateur des astres

À M. Avi Loeb[21], qui exprime un point de vue personnel sur Oumuamua[22]

Un soir, venant de son observatoire,
Maître Lucane entra dans ses foyers
Cravate, lorgnons et pinces de travers[23].
Lui qui, avec sa tenue noire,
Son allure patiente, ses gestes posés,
Ses favoris lustrés,
Était un modèle de sagesse tranquille,
Un exemple pour sa famille,
Comme une puce se trouvait excité.
Il clama, tout ému, à sa moitié :
– Un drap... un drapeau flo...flotte su... sur la lune !

---

21 Astrophysicien, ancien directeur du département d'astronomie de Harvard.
22 *Oumuamua*, « éclaireur » en hawaïen, objet interstellaire provenant de l'extérieur du Système Solaire, repéré le 19 octobre 2017 par le télescope de l'observatoire de Pan-Starrs, Hawaï, comète ou astéroïde pour la communauté des astronomes, a le comportement d'un objet extraterrestre pour Avi Lœb.
23 Rime pour l'œil, en hommage aux astronomes, leurs lorgnettes et leur télescopes.

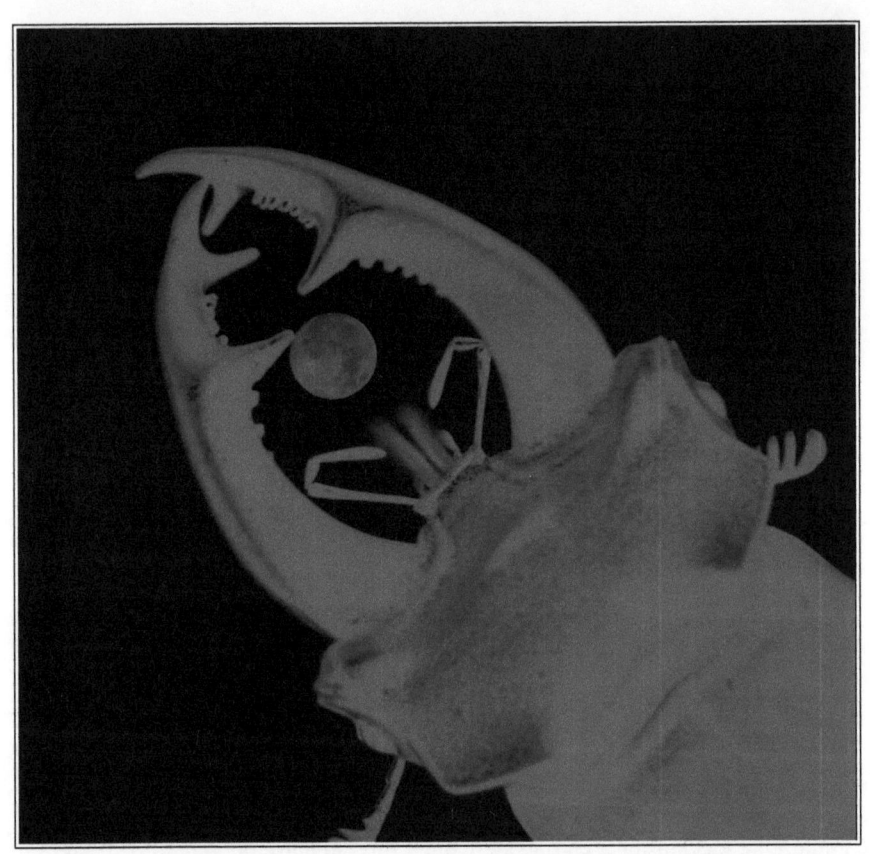

De ma lorgnette, ce n'est pas une lacune.
Nous ne sommes donc pas les phénix que l'on croit.
Une autre espèce vole et croît dans nos bois,
Et s'est haussée, ma foi, jusqu'à la lune.
De bête savante enfin, il n'en est pas qu'une.
– Ou mua mua ![24] dit la dame en lucanien,
Cette vérité ne vous vaudra rien.
Sur la Toile, on vous hachera menu.
Vous serez lors livré
Tout vif aux araignées.
Adieu, notre bonheur perdu.
Dame Lucane parlait bien :
C'est en effet ce qu'il advint.

Le sage sous le faix d'un savoir neuf
Ressent à bon droit un rail de seum.
L'idée nouvelle le rend veuf
De la bienveillance des heummes.[25]

4 février 2021

---

24 « Aïe mamma mia ».
25. Heummes : variante dialectale pour hommes (du latin *homines*), ensemble des bipèdes pensants qui habitent la planète Terre à ses dépens et sont portés à se croire les seuls êtres intelligents dans l'incommensurable univers.

VII

Le Philosophe scythe de retour dans sa patrie

Un philosophe scythe de retour
Dans sa patrie après du monde avoir fait le tour,
Passé moult années en périples, voyages
À pied, à cheval, à chameau,
Couru périls comme Marco Polo le sage
Ou Yannick Bestaven[26] sur son bateau,
Croisa sur le chemin de son logis
Un cortège d'habits en cendres, de pleurs, de cris.
De la pompe funèbre, il demanda la cause.
— Quoi ? Vous ne savez pas la chose ?
De quel Pontevédro sortez-vous donc ?
Tout de go lui répondit-on.
C'est l'infante qu'aujourd'hui on enterre !
C'était une belle et fière guerrière,
Habile à l'arc, excellente écuyère,
Qui plus est sans égale au cimeterre.
Quelle perte pour l'État ! La princesse

---

26. Vainqueur proclamé de la course nautique autour du monde Vendée Globe 2021.

N'avait que treize printemps.
On devait marier cette Amazone dans l'an
À certain Alexandre, rempart de la Grèce.
Notre philosophe à ces mots s'étonne.
— Çà ! Les us ont-ils à ce point changé ?
Je ne vois ici ni chevaux, ni serviteurs,
Ni prétendants étranglés,
Afin qu'à sa tombe l'on fasse honneur.
— On vous croirait désormais étranger
À vous entendre ainsi causer.
La Scythie n'est plus si prospère
Qu'on puisse sans dommage mettre en terre
Tant de biens importés, conclut l'informateur.
Notre Scythe retrouva enfin son logis,
Y pleura tout son soûl les malheurs du pays.

De son vieux temps, on est porté facilement
À ne considérer que les agréments.
Advient-il qu'il fût dur, amer ou cruel,
Peu importe, on n'en veut garder que le miel.

11 février 2021

VIII

L'Ange et la Fée

À Clara

Loin de Gomorrhe et de Sodome,
Où avaient voulu les violer des hommes,
Lui comme son pareil,
Un ange, ailes brisées, brûlé par le soleil,
Courait tout le jour,
Séparé de son compagnon,
Franchissant déserts, monts, forêts
Fuyant toujours.
Un midi, recru, il aborda un vallon
Que baignait un frais ruisselet.
Poussant son épuisante course
Jusqu'à la source
Qu'un chêne ombrait de sa ramure,
L'ange tombe sur une demoiselle
Qui trempait son pied dans ces ondes pures.
— Est-elle vôtre, cette fraîche fontenelle ?`

Demanda notre ange qui avait des manières.
Permettez-vous que je m'y désaltère ?
La donzelle était de nature fort aimable.
Elle se présenta, d'abord très affable.
— En tant que fée tutélaire de ce cours d'eau,
J'y consens volontiers et vous prête mon seau.
— Une fée ? dit l'ange, cela n'existe pas !
— Quel méchant vous a dit cette nouvelle ?
— On me l'a dit, cela suffit, la belle.
— Vous l'avez cru ? Pourtant je suis bien là.
Vous même, qui êtes-vous, beau monsieur
Emplumé, dépenaillé comme je vous vois ?
Une chimère, moitié homme moitié oie ?
— Vous parlez à un ange du Seigneur.
— Voilà une nouveauté difficile à croire.
Ne cessez pour autant, monsieur, de boire.
L'ange se serait fâché, voire battu,
Bien que fourbu.
À cet instant, des bruits de pas firent connaître
Qu'un homme était près de paraître.
Quand l'intrus parvint à l'endroit
Où l'eau de l'humus surgissoit,

Les deux êtres, leur dispute ayant suspendue,
Avaient lors disparu.
À la place pépiaient dans la ramure,
De mésanges et roitelets la géniture.
L'homme trouva près de l'eau au bas d'un rocher
Une plume seulement. Il la tailla,
L'encra,
Et, tirant de sa poche un bout de papier,
—C'était un fabuliste— sur le thème,
Il écrivit donc ce poème.

Ésope lui-même eût pu inventer le nôtre,
Les mythes des uns servant de fables aux autres.
14 février 2021

IX

Le Procès aquatique

Un corps sombrait dans le royaume de Neptune.
— Une pierre, affirmait doctement un poisson-lune.
— Que nenni, c'est une bûche, dit le merlan.
Le marlin opinait pour un triton géant.
Ou quelque salamandre monstrueuse.
— Voyez ses membres et ses deux yeux de tueuse.
— Pourtant elle ne traîne pas de queue,
Objecta pertinemment une tortue,
Soutenue par la vive et la morue.
La dispute tournait vinaigre entre eux.
Le corps s'enfonçait plus profond encore.
On envoya chercher une pécore
À tentacules, une pieuvre,
Afin qu'elle explorât et apportât la preuve
De ce qu'était cet objet tombé de la terre
À l'étonnement du sous-marin parterre.
Ayant palpé, tâté, le poulpe se fit
Catégorique.

— C'est un homme, un animal politique,
Comme avant moi, Aristote l'a dit.
— Un homme, un homme, ici !
A entendre ce nom honni,
De haine la gent marine est saisie.
Chacun requiert que l'intrus dans les fers soit mis.
Chacun veut plaider contre lui,
Qu'on étale à la face du peuple aquatique
Les méfaits, forfaits, vilenies et infamies
Dont s'est rendu coupable ce politique
Et toute sa société
Dès l'apparition sur mer de l'humanité.
Crabes, méduses même et langoustines
Font grand tapage
Au tribunal de la faune marine.
— Justice, justice contre un tel sauvage !
Hurlent soles, sardines, flétan
Et aussi, égaré, un cormoran.
Et cependant le corps descend continûment
Comme s'il se moquait de tout ça éperdument.
On bâcle le procès, on presse au dam.
Une baleine bleue s'écrie en colère :

— Je serai franche, qu'il soit noyé sur-le-champ.
   — Il l'est déjà, objecta le dieu des mers,
      Juge suprême des parties
   Qui présidait la cour avecque Salacie[27].
— Qu'il soit pendu alors, proposa le mérou,
         Un bout autour du cou,
      Cela se fait beaucoup là-haut,
      Ce qu'autrefois m'a dit Cousteau[28],
La grand' grenouille qui me venait visiter.
— Les branches de nos coraux ne sauraient porter
   Le poids de ce corps terrestre, dit Salacie.
   Lors intervint un fou furieux : le poisson-scie.
— Qu'on le découpe, l'écrabouille ou l'écartèle !
Le requin-marteau : — Dès midi, je m'y attèle.
Neptune accéda aux volontés des plaignants :
   — Soit, taillez-le en pièces, mais auparavant,
Sachez-le : il n'y en aura pour tous en somme ;
      De fait, c'était le dernier homme.
      Ultime spécimen de sa race funeste,
         De désespoir, il a conçu ce geste

---

27. Une des deux épouses du dieu Neptune.
28. Probablement Jacques-Yves Cousteau (1910-1997), officier de la marine nationale française et explorateur océanographique.

De confier son corps seul
À notre humide et transparent linceul.
La nouvelle fit retomber l'émotion
Des plaideurs qui retournèrent à leurs moutons.
Dès lors, sur le sable des fonds obscurs
Parmi les déchets très toxiques
De l'activité atomique et chimique
De ses aïeux, se divise en corps purs
Le cadavre du dernier homme
Dont les poissons se soucient comme d'une pomme.
          21 février 2021

X

Le Derviche qui tournait

Dans un atelier,
Qui fabriquait des flûtes en olivier
Tout le jour, un derviche le bois tournait.
Ce n'était pas une sinécure
De suivre des machines l'allure.
L'extase tardait.
Le tourneur alla trouver son supérieur
Le priant de lui donner un poste meilleur.
C'est ainsi que, désormais,
Bêtement, le derviche fraisait.
Cette absurdité reprenons à l'envers.
Remanions ces quelques vers.
Dans un atelier
Où il perçait des flûtes en olivier.
Tout le jour, un derviche fraisait.
Ce n'était pas une allure
De suivre des machines la sinécure.
Les trous se multipliaient.

Le supérieur vint trouver son fraiseur
Lui imposant un poste inférieur.
C'est ainsi que désormais
Le derviche enfin tournait.

Que le choix des mots repose
Sur le bon ordre des choses.
Mais, dira-t-on, les choses vont en désordre !
Çà, faut-il s'y tordre ?

28 février 2021

XI
La Chasse royale

À S.A.R.[29] Jaime Torres de Bourbon y Soda

Un roi, non des moindres, un des derniers,
Naguère se mit en tête de giboyer.
Pour clôturer son règne avec éclat
Il désirait une chasse de grand apparat.
Quelle proie parut digne du monarque,
Trophée digne enfin de la pointe de son arc[30] ?
Le lion ? — Un pair, un égal, un frère,
En somme, un gibier trop ordinaire.
Sur le géant à trompe et à défenses,
Le choix se porta. Frappé d'un royal coup,
L'éléphant choit sur ses genoux
En signe de fort gracieuse révérence.
Une photo fut prise aussitôt après la chasse,

---

29 Titre de courtoisie.
30 La pointe de son arc : audacieuse impropriété en faveur de la rime. L'auteur eût-il été mieux inspiré d'écrire « sa flèche » ? Il laisse le lecteur libre de juger. Quid de l'arc ? Plus poétique entre les mains d'un roi fabuleux qu'un fusil, fût-il signé du prestigieux armurier Ivo Fabbri.

Au pied de la grandiose carcasse.
Le roi pose et caresse
La fesse de sa dernière maîtresse.
Un banquet sous barnum suivit enfin
Pour conclure ce cirque
Monté dans la plaine d'Afirque[31].
— Que dirait Votre Majesté d'un pot-de-vin ?
Proposa un courtisan au roi déjà paf.
— Volontiers, parbleu ; j'ai encore soif.
De ce royal banquet
Le pot-de-vin fut le bouquet.

Ainsi la grandeur a ses petitesses,
Qui du vulgaire trouvent les fesses.

3 mars 2021

---

31 Afirque au lieu d'Afrique : métathèse de confort pour la rime.

XII

L'Enfant du Laboureur

À Mireille et à François de Cantalauze[32]

Des enfants du laboureur de la fable[33],
Deux furent sages.
Du père retenue la leçon admirable,
Ils se satisfirent de leur riche ensilage.
Le cadet rêva très longtemps encor
De trouver un véritable trésor.
Ayant creusé deçà, fouillé delà en vain,
Notre laboureur junior désespérait.
Lors se fit jour un mythe urbain[34].
De Fessebouc en Touitair, il enfla. C'est fait :
« Le Veau d'or est caché dans les coteaux tarnois,
Qui ont dissimulé jadis les Albigeois,
Par des producteurs de télévision,

---

32 2006-2021.
33 Jean de La Fontaine, *Le Laboureur et ses Enfants*, in *Fables*, Livre V, 9.
34 Mythe urbain : version masculine de la légende urbaine.

Afin d'acheter les élections de Macron[35]. »
Notre jeune laboureur se ranime,
Détecteur à nouveau, dépensier magnanime,
Emprunte à gauche, emprunte à droite,
Creuse la terre avec des machines adroites,
S'affaire tant qu'à la fin par ses mines,
De son hoir ne lui reste que les ruines.
Donc plus ni sou ni maille,
Il finit comme un Jésus sur la paille,
Mais vieux
Avec pour pleurer que les yeux.

À la chasse au trésor, qui fourmille d'attraits,
Comme aux chimères, faut-il renoncer ?
C'est toujours à regret.
On connaît de ces phalènes écervelés
Qui, faute de craindre la lumière,
Dans le feu achevèrent leur carrière.
N'empêche que quand vient l'été
Les rêveurs sont toujours de leur côté.

9 mars 2021

---

35 Emmanuel Macron : président de la république (2017-2022, réélu en 2022).

XIII

La Dame et la Fourgonnette blanches

En route
Déroute.
Virages,
Mirages.
Un ami d'un ami m'a raconté
— Et y a-t-il meilleure source que cela ?—
L'aventure à un ami d'ami arrivée.
Nuit de mars... grêle... son auto cala.
Une jeune dame blonde, toute mouillée,
De blanc vêtue, au pare-brise toqua.
« — M'emmèneriez vous au-delà de Saint-Luc ?
Passé le bois, on m'attend. »
L'ami s'étonna : « — Par ce temps ? »
Pourtant, dévoué comme un mameluck,
Notre chauffeur déposa la belle transie
À l'endroit par elle choisi :
Devant la grille du cimetière.
Mais, quand l'ami d'ami regarda derrière.

À travers le rideau de pluie, la silhouette
Blanche avait soudain disparu.
C'est bête,
Et qui l'eût cru ?
L'ami d'ami d'ami donc se réétonna :
« – Ai-je mal vu ? » De nouveau, il reregarda
À la place, une blanche fourgonnette
Avait paru,
Qui lui rentra dedans sans tambour ni trompette.
En sortit *illico* un Popeye bourru.
« – On n'a pas idée de flâner,
Par icitte, pépé[36]!
À cette heure-là.
Je travaille, moi,
Alors les limitations des vitesses,
C'est pas pour mes fesses. »
L'ami d'ami d'ami d'ami apprit ainsi
Que la fourgonnette blanche
Est pour de vrai plus ennemie
De nuit, de jour, que la fameuse dame blanche.

                                              14 mars 2021.

---

36. Ou « pédé », variante trouvée parmi les brouillons du fabuliste. (Note de l'éditeur).

XIV

Des Oiseleurs de la nouvelle sorte

Des oiseleurs de la nouvelle sorte
Prennent dans leurs rets informatiques
Damoiseaux, damoiselles sans escorte,
Des méchants proies typiques,
Force pigeons et troupes d'alouettes
Éblouies par le miroir de leurs écrans
Comme Narcisse en bord d'étang.
Roitelets ou jeunes chouettes,
Sont plumées, étrillées, foulées, saignées
Sur la toile, comme cirons par araignées.
Ces oisillons à être traités d'infâmes,
Sur Tiktok, Snapchat, Instagram,
À être trainés dans la boue,
En perdent goût
À leur jeune, leur courte vie.
De poison, cordon ou balcon s'étant servis,
Pour échapper à la serre cruelle

Des autours nouveaux qui les torturent,
Des oiselets perdus s'en remettent au Ciel,
Et leur absence dure.

15 mars 2021

XV

L'Armée des Rats sans campagne

Toujours l'oisiveté dans le vice versa,
En témoigne l'armée des rats.

Flottaient bannières et drapeaux claquaient au vent,
Saluant l'extrême soleil levant.
Dans son Q.G. au centre de Burma
À l'abri des Indes, du Siam et de la Chine,
Conciliabulait l'état-major rat,
Pour sortir de la paix cherchant quelque machine.
— Quoi ? Point d'ennemis d'aucune manière
Et partant pas de gloire puisque point de guerre,
Donc pas de vrai budget, point de médailles,
Nul officier tué ni donc d'avancement
– On ne comptait pas la piétaille –
Point d'offensive, rien que du piétinement !
Point de prestige encore moins d'autorité,
Des prébendes anciennes menacées,
Il fallait réagir,

Lutter sinon jouir !
Artapax, Psicarpax, lieutenants-généraux,
Dans ce sens ayant fulminé,
Meridarpax, rat qui coiffait toute l'armée,
Quand vint son tour, tint ces propos :
— Puisqu'il n'est, las, plus à nos confins d'ennemis,
Déclarons notre guerre au peuple des souris,
Qui habite nos terres, nous nourrit
Et prétend gouverner notre commun pays.
Tout fruit a son ver qui le pourrit :
Il nous revient de sauver la patrie.
Confiez-moi la noble mission
De purger le peuple des vers de sédition !
L'assemblée cette motion applaudit.
Méridarpax ,chef suprême choisi,
Lors envoie troupes, chars, avions
À tous points clefs de l'État prendre position.
Les opposants sont fichés en prison,
Torturés pour faire bonne mesure,
Cependant que d'autres sont tués d'aventure
Dans la rue ou dans leurs maisons.

*En force lieux, c'est le travers des militaires
De mettre au pas les peuples de leurs propres terres.*

17 mars 2021

XVI

Tel Mari

À Magali et tant d'autres

Tel mari, comme un nouvel Hercule enragé
Aplatissant le mufle du lion de Némée,
Pareil au boquillon armé de sa cognée
Abattant sa part quotidienne de ramée,
Assène, furieux, à sa femme qui se casse
Des coups d'une batte qui la fracassent,
Disant : — Meurs donc puisque tu m'appartiens, connasse !
Tandis qu'au loin quelques pies jacassent.

Rêvez de tout, braves Perrette, c'est permis.
Que vos maris sachent : point n'êtes biens acquis.

24 mars 2021

XVII

La Tortue en mal d'enfant

Une tortue d'eau était en mal d'enfant.
Torturée par ce désir de progéniture,
Elle alla consulter un sien parent,
Grenouille[37] de bénitier. « — L'Écriture
Dit : « Coassez et multipliez »,
Vous avez bien raison, ma sœur.
Priez donc de tout votre cœur,
Mais surtout en toute occasion baisez, foutez,
Croyez-m'en : n'y a que ça qui vaille,
Pour se donner de la marmaille. »
Un crapaud aussi offrit son conseil.
« — Vous, des enfants ! À quoi bon à présent ?
La mare recule, alors le désert s'étend.
La soif les attend avecque le brûlant soleil. »
Une anguille fut d'un autre avis.
« — Est-ce que nos ancêtres avaient ces soucis

---

37. On objectera que grenouille étant de genre féminin, on devrait lire « une sienne parente » au vers pécédent ; certes mais ici il s'agirait d'un oncle, individu de sexe masculin. (Note de l'éditeur, rapportant une explication fumeuse de l'auteur).

Quand, vêtus de peaux de bêtes[38],
Errants sans répit, ils hantaient notre planète,
Sans feu, sans médecine ni abri,
Affrontant accidents, maladies, ennemis ?
Malgré ces infortunes, ils eurent des petits.
Les générations courant, après eux, nous voici.
Vifs nous sommes, gaillards seront nos rejetons.
Trouvez vite votre pareil[39]
— Ce n'est la moindre objection[40]—
Fi des chaleurs, fi du soleil !
Chauds, vos œufs n'en seront que plus beaux.
C'est vrai : pour eux, nous nous passerons d'un peu
[d'eau. »

À ne voir que périls, chausses-trappes venir,
On se trouve, sans espérances, à périr.
La tortue retint la leçon. En liesse,
La bête se fit, de ses œufs,

---

38. L'anguille du fabuliste se trompe d'espèce ; elle confond le genre animal avec les fils de Caïn. (Note de l'éditeur encore).
39. cf. la note 37 : l'anguille veut dire une tortue mâle.
40. L'anguille, décidément obscure en ses propos, remarque, en incise, que trouver un bon partenaire est une difficulté plus grande qu'on ne croit. (Note de l'éditeur, l'auteur —honte à lui !—n'ayant pas voulu se mouiller.)

Un bon matelas pour sa vieillesse :
  Mille tortugons vigoureux !

24 mars 2021

XVIII

L'Empereur et les rossignols

Un empereur, balancé dans son palanquin,
Faisait une tournée d'Ourumtsi à Nankin.
Les roulades de ses oiseaux mécaniques
Berçaient chaque pas de son voyage,
Mélodies à message,
Pleines d'allant, partiotiques[41].
Or soudain, à l'entrée d'un bois,
Voilà que le sire oit une nouvelle voix.
— Qui est-ce pour triller ainsi en liberté ?
Il ne suit pas notre cadence,
Son la résonne avec impertinence.
— Un rossignol qui gringotte son chant d'été,
Répondit son eunuque favori,
Premier ministre, homme d'ouïe.
— Qu'on lui coupe la langue, qu'on le mette en cage !
Quelques lis[42] plus loin, sortie d'un buisson,

---

41. Partiotiques : néologisme, dérivé de parti comme patriotique l'est de patrie, et plus énergique que partisan.
42. Li : environ 576m depuis la dynastie Qin, IIIe siècle av. J.-C.

Nouvelle chanson, même punition.
Puis un troisième attira du sire la rage :
— À mon empire, à mon éclat, à ma puissance,
Il faut de l'unisson.
Nul ne chante pareil. C'est une rébellion.
— Fils du Ciel, contre une telle nuisance,
Priver d'organes de reproduction
Du son et de génération
Ces oiseaux rebelles et leurs pareils
Dit le ministre, me paraît essentiel.
Bientôt tous les sous-bois de la région
Furent muets, le chant voué à l'extinction.
Le Seigneur des Dix Mille Ans
Palanquinait sur des terres silencieuses.
Sa toute puissance délicieuse.
Pût-elle s'étendre jusqu'au Mongolistan,
Et autres lieux dans l'univers...
C'était son vœu, et le plus cher.

Que chantaient donc les rossignols en leur patois ?
— Fils du Ciel, notre joie n'est pas à toi.

30 mars 2021

XIX

La Sardine désœuvrée

La sardine, ayant quitté le port de Marseille,
Dont elle avait un temps bouché l'entrée[43],
Se trouva bien désœuvrée.
À quelque temps de là sous un autre soleil,
Elle s'en alla chercher, au pôle, emploi.
— Vous êtes trop fine comme moi,
Lui dit l'anguille.
Vous passeriez par le chas d'une aiguille.
Prenez l'exemple de la morue,
Ou de la baleine qui ne courent pas les rus.
Enflez, faites-vous plus ample, faites du gras,
Vous prétendrez alors
À de larges détroits, canaux de Panama,
Qui rapportent de l'or.
À cet avis, notre sardine se rangea.
Elle grandit, se haussa, gonfla
Tant que de vaisseau de ligne elle tourna

---

43 On se rappelle l'événement historique de mai 1780 ; le vaisseau en cause s'appelait en réalité le Sartine.

Porte-conteneurs puis s'en vint bloquer Suez.[44]
Trop tard.
Un autre bateau, aussi un mastard,
Lui en avait soufflé l'idée.
Peu importait. La sardine est patiente,
Dans la rade elle se mit en attente.
Elle le savait, que son tour viendrait.

Un coup de vent rétablit le hasard.
L'énormité pansue des barques de bazar
Un jour, on s'en doutait, les canaux bloquerait.

29 mars 2021

---

44 Suez : Prononcer comme vous riez ou nez, pour la rime.

XX

Le Colosse et la Fresaie[45]

Dans un parc, la fresaie hululait chaque soir,
Chaque soir, plongeant dans un puits de désespoir,
Dans Hambourg l'hanséatique, le colosse de garde
Au port, statue de granite à mine cafarde
De neuf toises et demie
Ou peu s'en faut[46]. Juché où on le mit,
Il est au moins deux fois plus haut,
Visible de l'Elbe dont il contemple l'eau.
Ce colosse s'appelle Otto.
De la Prusse, de l'Empire, il fut le héros.
Depuis, muet, il s'effrite et s'effondre.
La statue pleurait donc de se morfondre,
Disant à la fresaie qui hantait la futaie :
« — Tyto, —c'était le nom de l'effraie—,
Adieu trompettes, tambours, couronnes de fleurs,
Soldats au pas, fusils, canons chers à mon cœur,

---

45. Fresaie : autre nom de la chouette effraie.
46. 18,40 m exactement.

Finies[47] fanfares, étendards et défilés,
On me brocarde, même on m'a coiffé
De cornes. Un musicien me veut bas
Comme Courbet la colonne à Paris[48], là-bas,
Comme les enturbannés talibans
Les malheureux Bouddhas de Bamyan.
Que vais-je devenir, ma Tyto, hein?
Foutu cul par terre comme Saddam Hussein ?
Déboulonné ainsi que Robert Lee [49]?
Pourquoi moi ? Pourquoi pas Napoléon,
César, Wilhelm ou tous les Louis ?
Ils l'eussent mérité plus que moi, non ? »
Tournant sa face blanche en forme de cœur
Où deux boutons noirs scintillent
En quelques hou notre oiseau sa pensée distille :
« — Mon cher Otto, cesse d'indignes pleurs.
Considère plutôt qu'à chaque couvée,

47. Finies : accord de proximité.
48. La colonne Vendôme, abattue suite à un décret du 12 avril de la Commune de Paris, le 16 mai 1871. Comme l'écrit Lucien Descaves, (in *Chroniques historiques*, lettre de Paris, 10 janvier 1928) on attribua au peintre Gustave Courbet « légèrement » la responsabilité de ce renversement, alors même que le décret fut pris tandis que Courbet ne faisait pas encore partie de la Commune. Otto commet ici une erreur historique qu'on qualifiera de commune.
49. Lee : se prononce Li et donc fait la rime pour l'oreille sinon pour l'œil.

Nous, fresaies, faisons table rase du passé :
Aucun monument, nées candides nous voilà.
— Table rase ? Hou, hou ! » Avec ces mots, troublé,
Le colosse d'un pouce encore se tassa.
Quant à l'effraie, aveuglée par un réverbère,
Sans mémoire des leçons reçues de sa mère,
Ayant ainsi parlé, cervelle de moineau,
Elle alla percher sur un fil électrique,
Y reçut un fort méchant coup de trique
Et grilla. Hou, hou, hou ! Fin de l'oiseau.
Otto von Bismark en guise *de profundis*
Chanta *Au clair de la lune*, une fois et *bis*.
Malgré sa navrante hideur, le monument
Dissimulait quelques beaux sentiments.

Faut-il laisser ruiner les gloires anciennes
Ou même les vouer à la géhenne ?
Serait-ce ajouter de nouveaux lauriers
Aux fautes d'autrefois que ne pas desceller
À chaque nouveau procès engagé
Les témoignages du passé ?

6 avril 2021

XXI

Le Cigare et les Frémis[50]

Le cigare vautré dessus son canapé,
Repu, exhalait des nuages de fumée.
À quatre pas d'un écran oled de cent pouces,
Son œil éteint suivait une partie de soule,
Sa droite tenant une cannette de mousse[51].
Soudain, remue-ménage dans les parages :
Une députation de frémis déboule.
Les bestioles, lasses de leur servage,
Viennent poser des revendications :
« — André, —ainsi se prénommait notre cigare—
Que tout cela dure, il n'est plus question.
Nous voulons charte, réformes ou gare…
— Gare à quoi ? — Gare à la révolution ! »
Suivirent des griefs dits sur le même ton.
« — Comment ça, vous faites trop d'heures ?

---

50 Frémi : fourmi normande.
51. Quand le Cigare ne fumait pas, il rotait,
Ainsi son bonheur s'en trouvait parfait.

S'indigna, époumoné, notre André.
Et trop peu de salaire, et pas d'égalité
Avec les termites, de l'ombre travailleurs ?
Vous plaisantez, mes colombes, frémis, mes mies,
Pour ce beau travail que je vous fournis,
J'ai droit à légitime commission,
Juste rétribution du mal que je me donne
À ne pas vous laisser sans occupation ! »
Sur ces mots, à sa fureur, André s'abandonne,
Torgnole l'une, bastonne une deuxième,
De sa bague écrase une troisième.
Il croyait par ses voies usuelles rétablir son régime.
En effet, il commet un crime.
Les temps avaient changé, changé les mœurs aussi.
Les frémis appellent à l'aide leur colonie.
La troupe infinie l'ayant emporté,
Ficelé, paqueté,
Mit André à la rue comme un vieux mégot.
Pour rentrer en son logis, le magot
Dut mettre la main à la pâte.
On le vit travailler à son tour avec hâte.
André mania le balai, cira les parquets,

Torcha aussi les marmousets.
La nouvelle bientôt atteignit les avettes.
Leurs bourdons durent entonner la chansonnette.

Au ventripotent Cigare
Il convenait de rabattre de sa gloire,
Pour que, de sa nue, il consente
À amorcer une descente,
Et que sur les tapis avec ardeur
Il daigne enfin passer l'aspirateur.

15 avril 2021

XXII

L'Hippocampe qui a perdu ses clefs

À Nicole et Antoine

— Où sont mes clefs ? Qui donc a pris mon téléphone ?
Bien sûr, ce n'est personne !
L'hippocampe, de colère, agite l'eau,
Frémissant depuis le naseau
Jusqu'à sa queue en serpentin.
Il houspille sa femme, ses enfants, sa mère.
Comme le Ménalque de La Bruyère,
À tout le monde, il s'en prend enfin :
On lui perd tout ; on lui égare tout.
Oui-da, assurément c'est fou !
Vient-il à passer devant le miroir
Qui garnit la porte de son armoire ?
Il apostrophe vertement l'inconnu,
Lui fait toute une histoire
D'avoir déplacé ses hardes à son insu.
En effet, l'animal ne se reconnaît plus :

L'hippocampe a perdu de la mémoire
La coutume ainsi que l'us.

Ma foi, ne me souviens guère de la morale
Dont le destin de l'hippocampe nous régale.
6 mai 2021

XXII

Le Hérisson repoussé

À Maryse et Michel

Ayant traversé une haie de son pas hésitant,
Le Hérisson timide approche son museau
D'un bol de friandises tentant
Que l'on plaça pour le chat ou pour des oiseaux,
Bénissant en cette bonté la Providence
Qui lui fournit inopinément sa pitance.
— Holà ! Vilain maraudeur, gibier de gitan,
Videz ces lieux et retournez à vos halliers !
S'écrie-t-on, indigné, incontinent.
Lui voit deux gros sabots plantés sur le palier,
Ne reconnaît pas l'animal qui l'apostrophe,
Se roule en pelote par crainte du péril,
Enfin, ne sentant pas venir de catastrophe,
Déplie son manteau fait d'épines érectiles,
Repart vers la nuit, ses limaces, ses cagouilles,
Porter son casque à pointes dans d'autres vadrouilles.

Déçue, la bête ignore pourquoi le destin,
Dedans cet Eden, la dépouille ainsi de festin.

Souverains maîtres des potagers et jardins,
Dont les lois font l'utile comme le nuisible,
Au sauvage, à l'intrus de passage, laisser
Une écuelle serait-il donc impossible ?
Je ne dis pas toujours, l'été comme l'hiver,
Je dis certains soirs de givre ou certains matins.

17 mai 2021

XXIV

La Girafe cherchant à se marier

La Girafe, ayant coiffé Sainte Catherine,
Jugea le temps venu de prendre époux.
Pourtant elle ne voyait point, haussant le cou,
Autour d'elle galant de bonne mine.
— Cherchez sur la Toile, conseilla la corneille,
Parée de noir, veuve joyeuse sans pareille,
Les maris de seconde main y sont à foison.
– Comment, moi, m'encombrer d'un mari d'occasion ?
– D'autres que vous n'y sont pas aussi regardantes !
Croyez qu'à trop tarder vous finirez perdante.
Il y en a pour tous les goûts, ma chère.
Et, serait-il boiteux, la belle affaire !
Or ne vaut-il pas mieux quelque vieil époux
Pauvre, contrefait que pas de mari du tout ?
Ainsi la corneille, emportée par le feu
De son discours persuasif, perd toute mesure.
Ébranlée, la girafe se rend à ces vœux :
Sur Leboncoup, elle tapa à toute allure

Sa recherche. Elle trouva très vite un fiancé.
La photo était floue, mais les yeux étaient gris,
Le poil brillant, les cornes finement tournées.
Lors rendez-vous fut pris
Avec ce prétendant au mariage :
Un buffle posé au profil fort sage.
La girafe mit ce jour-là sabots vernis,
Calicot fleuri avec jabot de dentelle.
Jamais elle n'avait paru plus belle.
Notre amie comptait déjà dans sa pensée
Son trousseau, les toilettes de la fête,
Louait une auberge, un manoir, un château,
Postait déjà les invitations faites,
Ajoutait le lion, la hyène, le moineau.
Toute à sa joie, elle dépassa le bouiboui
Où on l'attendait, pensait-elle, pour dire oui.
Demi-tour fait, elle ne vit pas l'élu.
Quelle déconvenue ! Il n'était pas venu.
L'animal avait-il trouvé quelque génisse
Mieux dotée, mieux cornée ou mieux tachée ?
— Pourquoi me le cacher ? Veut-il que je gémisse ?
Se plaint la dédaignée.

Perchée sur son acacia, la corneille graille :
— Consolez-vous donc, ma sœur,
J'avais tort, et reconnaissez votre bonheur :
Après tout, il n'y a pas hyménée qui vaille
De vivre plusieurs années de malheur.
Ne regrettez point votre buffle
Si volatilisé. Tant mieux ! C'était un mufle.

29 juin 2021

XXV

La Fillette et le Goéland

Qui fait l'oiseau se trouve souvent bête,
Et pas seulement s'il passe par la fenêtre.

Le vent berçait les flots. C'était au bord de l'eau.
Une fillette, au seuil de sa maison de village,
Aux lèvres un sifflet, contrefaisait l'oiseau,
Réjouissant de ses roulades son voisinage.
Un fier goéland nichait à l'entour.
Il crut qu'un rival lui jouait ce mauvais tour.
Une *battle* s'engagea entre l'enfant et lui.
Davantage César que Laridon,
Cet oiseau soulait[52] épouvanter l'environ.
Il pleura, railla, hocha la tête puis
Claqua du rostre et montra les gros yeux.
Rien n'y fit. Ni une ni deux,
Nonobstant les frisettes de l'enfant,
L'absence d'ailes, sa jupette à volants,

---

52 Soulait : avait l'habitude d'épouvanter…

Il n'ouit que la voix d'un intrus et fondit
Sur qui en voulait à ses œufs, à son nid.
Coup de pattes, coups de plumes, coups de bec,
À l'enfant, le goéland coupa le sifflet,
Se replia, la victoire acquise, aussi sec.
La fillette en larmes s'en fut chez ses parents
Trouver à l'attentat une raison.
— La vie d'oiseau ne passe point en ris et chansons,
Il faut croire, dit la mère à son enfant.
C'est un combat de chétifs contre des géants.
Désormais, vous choisirez des copains, je gage,
De votre air dont vous saurez parler le langage…
L'enfant ne renonça point à son partenaire :
Elle provoqua le goéland au poker.
Ce fut l'oiseau qui la pluma.

17 juillet 2021

XXVI

Le Loup devenu aubergiste

Loup, viandard impénitent, terreur des halliers,
Eut une nuit le vit pris dans un collet
De Renard qui piégeait Jeannot hors du terrier.
En grand danger de devenir chiffon mollet,
Ayant promis à Notre-Dame de Cléry[53]
S'il en réchappait, de changer de vie,
Loup fut exaucé en dépit de ses excès.
Il ouvrit une auberge avec une chevrette,
—Elle avait connu bien des malheurs, la pauvrette—
Sur la route de Toulouse avec succès.
Dans cette Thélème des animaux,
On vint de partout se faire traiter.
Biches, brocards, martres, blaireaux,
Tinrent à y dîner, y boire et fréquenter
Rennes, ours, gloutons ou tigres de Sibérie.
Pour combler ce bonheur, manquait progéniture
À qui léguer l'hostellerie.

[53] À Cléry-Saint-André, Loiret.

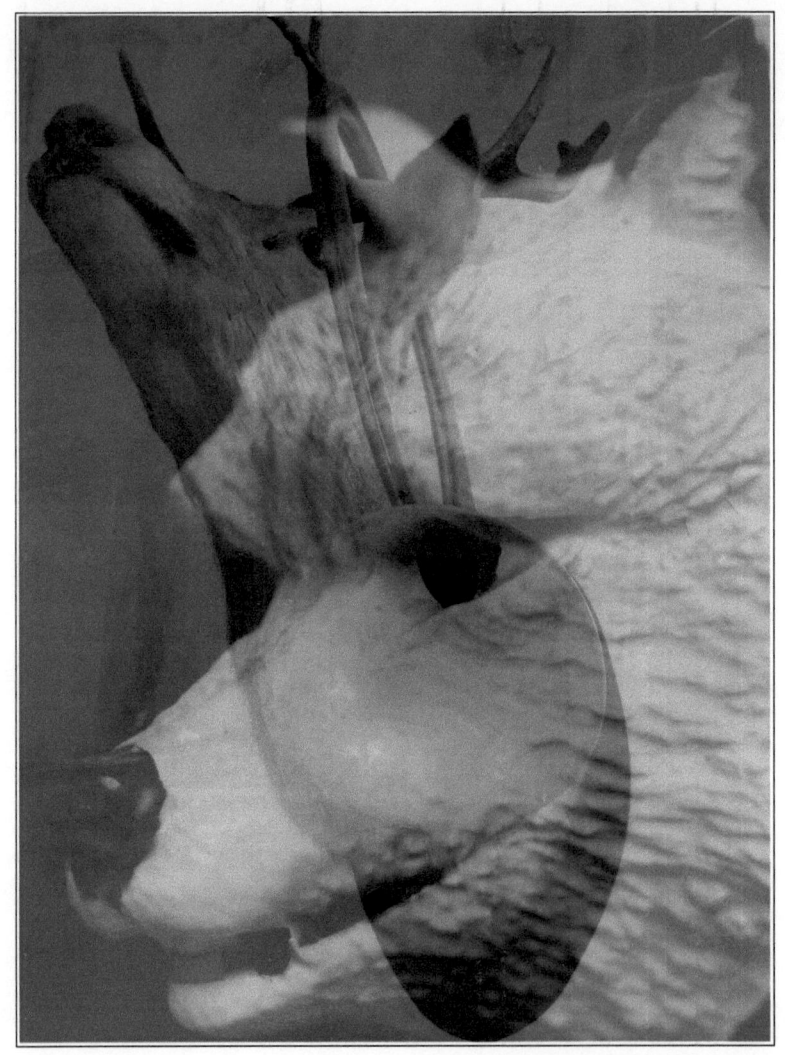

Hélas, se refusait absolument Dame Nature
À mêler deux races si dissemblables
Que Loup et sa chevrette, fût-elle adorable.
Ils s'en allèrent donc en Belgie,
Pays de science et de magie,
Où contre quelque mille thunes
Les médecins pallièrent leur infortune.
Bientôt maître Loup eut ses deux poupons,
L'un flamand et l'autre wallon,
Éponine et Hazelnoot, deux loups-cerviers,
Sur ses genoux osseux à faire sauter.
On fit une gravure du tendre spectacle
Qui se vendit cinq sous la feuille
De Paris à Tournefeuille.

La science ainsi fait ses miracles.
La vie fait des merveilles aussi :
Il n'est loup qu'un coup du sort n'attendrit.

12 août 2021

POSTFACE

Comme j'aimerais pouvoir écrire que le public a fait un tel accueil à mon premier recueil *Renard et compagnie, fables du temps présent que* je ne pouvais pas, sans décevoir le dit cher public, en rester là avec le genre ; ou encore que, pressé par les lecteurs qui avaient tant apprécié mes premières fables à en composer de nouvelles, je me suis dépêché de les satisfaire. Eh bien, non, cela ne s'est pas passé ainsi. D'abord, comme me l'a dit une libraire, plus active dans le rayon de la presse que dans les livres, la clientèle ne demande pas de fables. Quoique j'aie toujours trouvé lors de salons quelques amateurs, soit intrigués par le pastiche, soit curieux du télescopage chronologique entre le modèle, Jean de La Fontaine, et l'époque contemporaine, soit intéressés par le traitement si singulier de la période sous la pression de l'épidémie sous la forme de fables, ils restent peu nombreux et mon premier recueil a une diffusion confidentielle.

Néanmoins, j'ai reçu des avis encourageants, voire flatteurs de lecteurs, le plus touchant étant celui d'un jeune homme à qui on l'avait offert à l'occasion de son anniversaire : « ... c'est très amusant à lire, et l'ombre de La Fontaine pèse sur chaque fable, un peu comme l'ombre de Beethoven sur chacune des symphonies de Brahms. ». Entre-temps, un ami m'a obligeamment prêté l'ultime anthologie des fables en vers du monde francophone et apparenté (on y trouve aussi des fables en créole, en occitan, en patois lorrain et en sabir), du spécialiste américain Norman R. Shapiro[54]. J'y ai compté soixante-dix auteurs, dont quelques anonymes, depuis Marie de France, fin du XIIème siècle, jusqu'à Eugène Guillevic, 1907-1997, dont la plupart m'étaient strictement inconnus. Ce fut donc la découverte de multiples talents parmi lesquels Louis-François Jauffret[55], 1770-1840, dont certaines fables font un écho à celles de La Fontaine, et plus près de nous, curieux de modernité, Émile Couteau[56], 1837-1931, qui intègre dans son univers fabuleux, l'automobile et l'aéroplane, tandis que Franc-Nohain, alias Maurice-Étienne Legrand[57], 1872-1934, rapporte une réjouissante et surréaliste *Révolte des Ascenseurs*. La lecture

---

54 *The Fabulists French*, Verse Fables of Nine Centuries, University of Illinois Press, 1992.
55 *Fables nouvelles*, 1814.
56 *Fables et Apologues,* 1910 ; *Fables du Vingtièmes siècle,*1929.
57 *Fables*, (livres I à III), 1921, (Livres I à IX), 1931 ; *Fables nouvelles*, (livres IVà VI), 1927, *Nouvelles Fables*, (livres X,XI,XII), 1933.

stimulante de cet ouvrage a entretenu en moi la flamme fabulistique qui, réduite à un tison, n'attendait, il faut le croire, qu'une occasion d'être ranimée.

Une scène de la vie ordinaire en 2020, trois jours après que le port du masque fut devenu obligatoire dans les commerces, agit comme un souffle de forge sur ce brandon. Ce jour-là, dans la boulangerie où j'achetai mon pain, un quidam reprocha avec acrimonie à une jeune employée de boulangerie d'avoir servi le précédent client entré sans masque. Ayant fait cette récrimination seulement après que l'autre homme fut sorti —on n'est jamais trop prudent—, il ajouta qu'il s'en plaindrait à la mairie. Les temps hideux de la délation revenaient-ils donc ? Alors, l'ombre du corbeau, qui nourrissait du dépit de ne pas être au nombre des héros de mon premier recueil comme son compère Renard[58], s'abattit sur moi, et me souffla en réaction à cet incident désagréable le premier texte de ce qui deviendrait ce nouveau recueil dans l'esprit et la lignée du premier.

C'est ainsi que furent composées les 26 fables de ce recueil, en l'espace de huit mois, de décembre 2020 à août 2021, toutefois moins inspirées par l'épidémie en cours que

---

58 *Renard et compagnie*, Fables du temps présent, B.o.D, 2020.

par d'autres sujets d'actualités, mais pas seulement : tout ce que la fantaisie d'un esprit de fabuliste butine dans des lieux, des lectures, des rencontres, des nouvelles transmises par les *media*, il les rapporte au logis pour en faire son miel et, *in fine*, aimable lectrice ou lecteur qui avez eu la patience de lire jusqu'au bout ce recueil, le vôtre aussi, du moins le poète l'espère. Toutes ne sont pas drôles, toutes ne sont pas légères, certaines sont dures, voire cruelles, à l'instar des réalités les ayant inspirées. C'est pourquoi, empruntant l'adjectif au dramaturge Jean Anouilh[59], lui-même auteur de fables, qui en qualifiait certaines de ses pièces, je dirai que nombre des miennes dans ce recueil sont des fables grinçantes.

En écrivant, j'ai gardé le ton du premier recueil qui fait la part belle au pastiche de J. de La Fontaine, non par moquerie ou dérision, mais pour établir avec le lecteur, fin connaisseur depuis son enfance d'écolier de la manière du maître, une complicité où se mêlent affection et révérence.

Enfin, certaines fables sont illustrées de photographies de mon cru, plus souvent montages ou collages photographiques, laborieusement bidouillés ou photoshopés

---

59 Jean Anouilh (1910-1987), *Fables*, La Table Ronde, 1962.

pour le plaisir des formes et des couleurs. L'acquéreur de petit livre y trouve aussi quelques pages blanches où donner libre court à son talent dans ce domaine, en illustrant celles des fables qui ne le sont pas, faisant ainsi de ce recueil le sien véritablement.

Mardi 2 février 2022.

TABLE
(Les titres soulignés sont accompagnés d'une illustration)

Préface	p. 5
I. <u>Le Corbeau et le regard</u>	p. 13
II. L'Enfant et l'Éléphante	p. 15
III. Le Canard de Barbarie ayant perdu la foi	p. 17
IV. <u>Le Perroquet au balcon</u>	p. 21
V. Le Variant anglais	p. 25
VI. <u>Le Lucane observateur des astres</u>	p. 27
VII. Le Philosophe scythe de retour en sa patrie	p. 31
VIII. L'Ange et la Fée	p. 33
IX. <u>Le Procès aquatique</u>	p. 37
X. Le Derviche qui tournait	p. 41
XI. <u>La Chasse royale</u>	p. 43
XII. L'Enfant du Laboureur	p. 47
XIII. La Dame et la Fourgonnette blanches	p. 49
XIV. <u>Des Oiseleurs de la nouvelle sorte</u>	p. 51
XV. L'Armée des Rats sans campagne	p. 55
XVI. Tel Mari	p. 59
XVII. <u>La Tortue en mal d'enfant</u>	p. 61

XVIII. L'Empereur et les Rossignols — p. 65
XIX. La Sardine désœuvrée — p. 67
XX. <u>Le Colosse et la Fresaie</u> — p. 69
XXI. Le Cigare et les Frémis — p. 73
XXII. L'Hippocampe qui a perdu ses clefs — p. 77
XXIII. <u>Le Hérisson repoussé</u> — p. 79
XXIV La Girafe cherchant à se marier — p. 83
XXV <u>La Fillette et le Goéland</u> — p. 87
XXVI <u>Le Loup devenu Aubergiste</u> — p. 89

Postface — p. 93

INDEX ALPHABÉTIQUE

(N.B. – Le chiffre romain indique la fable, *le chiffre arabe la page)*

L'Ange et la Fée.	VIII, p. 33
L'Armée des Rats sans campagne.	V, p. 55
Le Canard de Barbarie ayant perdu la foi.	III, p. 19
La Chasse royale.	XI, p. 43
Le Cigare et les Frémis.	XXI, p. 73
Le Colosse et la Fresaie.	XX, p. 69
Le Corbeau et le regard.	I, p. 13
La Dame et la Fourgonnette blanches.	XIII, p. 49
Le Derviche qui tournait.	X, p. 41
L'Empereur et les Rossignols.	XVIII, p. 65
L'Enfant du Laboureur.	XII, p. 47
L'Enfant et l'Éléphante.	II, p. 15
La Fillette et le Goéland	XXV, p. 87
La Girafe cherchant à se marier	XXIV, p. 83
Le Hérisson repoussé.	XXIII, p.79
L'Hippocampe qui a perdu ses clefs.	XXII, p. 77
Loup devenu aubergiste.	XXVI, p.89

Le Lucane observateur des astres.	VI, p. 27
La Tortue en mal d'enfant	XVII, p.61
Tel Mari.	XVI, p. 58
Des Oiseleurs de la nouvelle sorte.	XIV, p.51
Le Perroquet au balcon.	IV, p. 21
Le Philosophe scythe de retour en sa patrie.	VII, p. 31
Le Procès aquatique.	IX, p. 37
La Sardine désœuvrée.	XIX, p. 67
Le Variant anglais.	V, p. 25

Du même auteur

Renard & Compagnie, Fables du temps présent, BoD, 2020. Illustrations de Martin Bafoil, Rodolphe Guerra, Vincent Lissonnet, Christian Robert.

En collaboration avec Vincent Lissonnet, sous le pseudonyme de ROBERT VINCENT

Clou d'éclat à Étretat, éditions C. Corlet, 2007
Yport épique, éditions C. Corlet, 2008
Un Havre de paix éternelle, éditions C. Corlet, 2010
Les Dames mortes, éditions C. Corlet, 2010
La Mort monte en Seine, éditions C. Corlet, 2011
La Main noire, éditions Ravet-Anceau, 2013
Satanic baby !, éditions Ravet-Anceau, 2015
Le Baiser du canon, éditions Cogito, 2016, Prix Rouen Conquérant 2017.
Ici reposait... Meurtre au Monumental, édition des Falaises, 2019
Yport épique et Fécamp gourou, BoD, 2021
Les Dames mortes, BoD, 2022
La Fille dans l'arbre, Man Editions, à paraître en

novembre 2022.

Avec des illustrations de MARTIN BAFOIL

Un Havre de paix éternelle, édition revue et illustrée, BoD, 2017

Clou d'éclat à Étretat, édition revue et illustrée, BoD, 2018

Hathors et à travers, Histoire merveilleuse d' Amon-sourit et de la princesse syrienne, BoD, 2020.

Sous le pseudonyme de ROBERT-MARC OLÈS, illustrations de MARTIN BAFOIL

La Baguette de Circé, nouvelle, kindle édition, 2016

Passages, nouvelle, kindle édition, 2016

Édition : BoD – Books on Demand, info@bod.fr
www.bod.fr
Impression : BoD – Books on Demand,
In de Tarpen 42, Norderstedt (Allemagne)
Impression à la demande
ISBN : 978-2-3223-9386-2
Dépôt légal : juillet 2022